Il mio primo libro della casa

DoReMi è un marchio EDICART Style

Via Jucker, 28 - Legnano (MI) - Italia

Titolo originale: At Home!

Illustrazioni di *Zoe Waring*

Traduzione dall'inglese di Silvia Lualdi

www.edicart.it

Il mio primo libro della casa

DoReMi

Cucina

È la stanza dove si preparano i cibi.

macchina
del caffè

fornello

cestino per
raccolta
differenziata

Mescolo gli ingredienti per fare una torta.
orologio
impastatrice
credenza

In cucina ci sono gli elettrodomestici.

tostapane

lavastoviglie

microonde

bollitore

Sala da pranzo

Qui si consumano i pasti, colazione, pranzo e cena.

teiera

ciotola per la frutta

seggiolone

sedia

lampadario
Faccio colazione con latte e cereali!
tazza
tovaglietta
tavola

I pasti sono serviti nei piatti o nelle ciotole. Le bevande in tazze e bicchieri.

macinasale e macinapepe

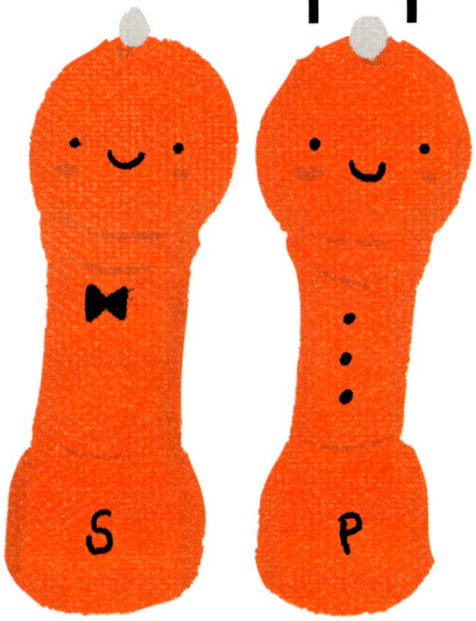

tazza

piattino

cucchiaino

brocca

bicchiere

scodella

forchetta coltello cucchiaio

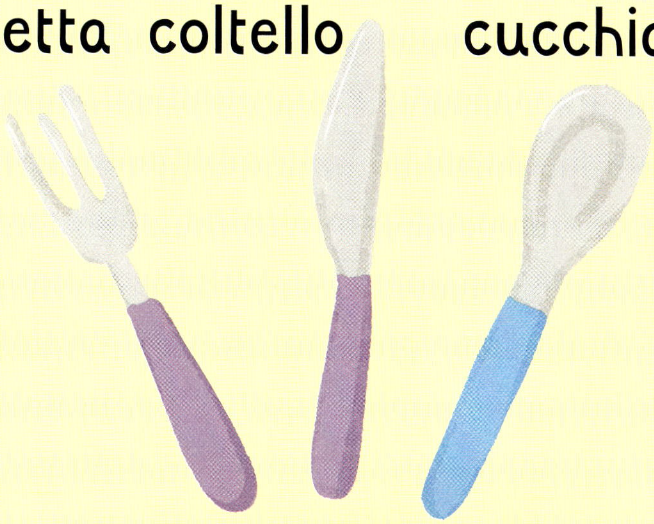

posate

piatto

Cosa c'è sulla credenza?

credenza

Soggiorno

Questa stanza è calda e accogliente.
Puoi leggere un libro o rilassarti sul divano.

Trova la pianta spinosa!
quadro
vaso
soprammobile
cactus
camino

Il computer portatile può aiutarti a fare i compiti! Dopo è il momento per guardare la TV.

televisore
mobile porta TV
console da videogioco
telecomando
Cosa ti piace guardare in televisione?

Lavanderia

Laviamo i vestiti. Una volta asciutti, la stiratura rimuove le pieghe.

Cerca & trova un calzino rosso!

detersivo

lavatrice

ammorbidente

Ripiego il bucato asciutto!
bucato
ferro da stiro
asse da stiro
cesta della biancheria
spina

Tutti possono aiutare a mantenere la casa pulita e in ordine.

paletta
e scopino
guanti di
gomma
spolverino
Ora spolvero per
bene i mobili!
spugna
spray
detergente

Stanza dei giochi

È divertente condividere i giocattoli con gli amici!

peluche

scatola dei giocattoli

pupazzo a molla

scavatrice

palla

trenino

cavallo a dondolo

costruzioni

Quante carrozze sta trainando il trenino?

tenda

bilie

È divertente fare un disegno
e poi colorarlo!

cavalletto
disegno
mappa del mondo
Dipingo la mia casetta!
pennello
libro di fiabe
colori a tempera
libro illustrato

Bagno

Fare il bagno prima di andare a nanna è divertente!

bagnoschiuma

shampoo

spugna

asciugamano

doccino
Sguazzo nella schiuma!
paperella
rubinetto
vasca da bagno

Lavati i denti due volte al giorno
e lava sempre le mani dopo
essere andato in bagno.

rubinetto

porta spazzolino
da denti

saponetta

tappo

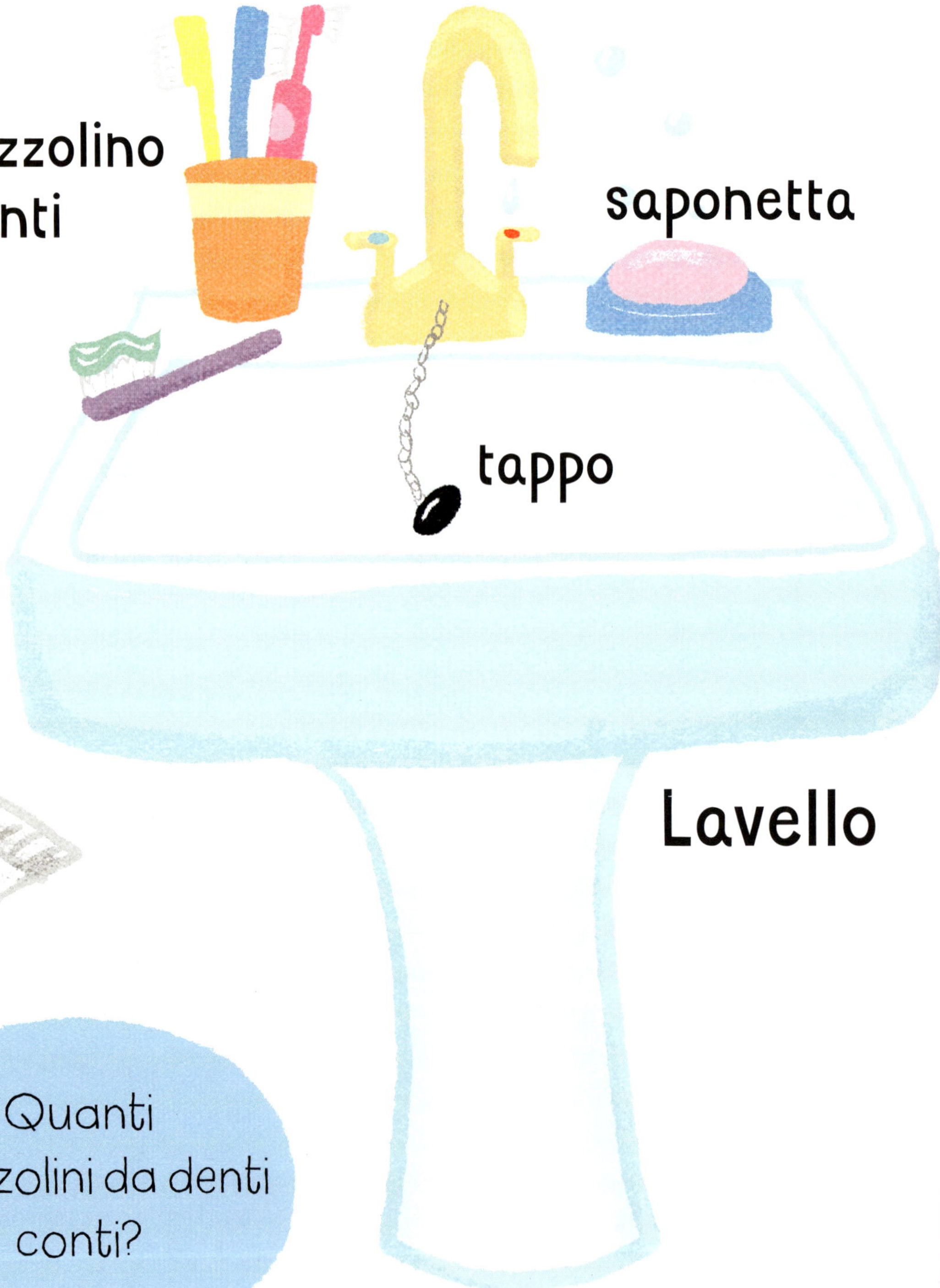

Lavello

spazzolino

dentifricio

Quanti
spazzolini da denti
conti?

tazza del water

Sciacquone

sedile del water

spazzola per i capelli

Rotolo di carta igienica

Cameretta

Nella tua cameretta dormi e tieni i tuoi vestiti e i giocattoli.

Cosa sogni di notte?

piumone
cuscino
spalliera
del letto
coperta
materasso

Qual è il tuo libro preferito?

finestra
appendiabiti
tenda
abiti
armadio
vestitino
calzini
scarpe

Giardino

Il bucato può essere steso ad asciugare anche in giardino.

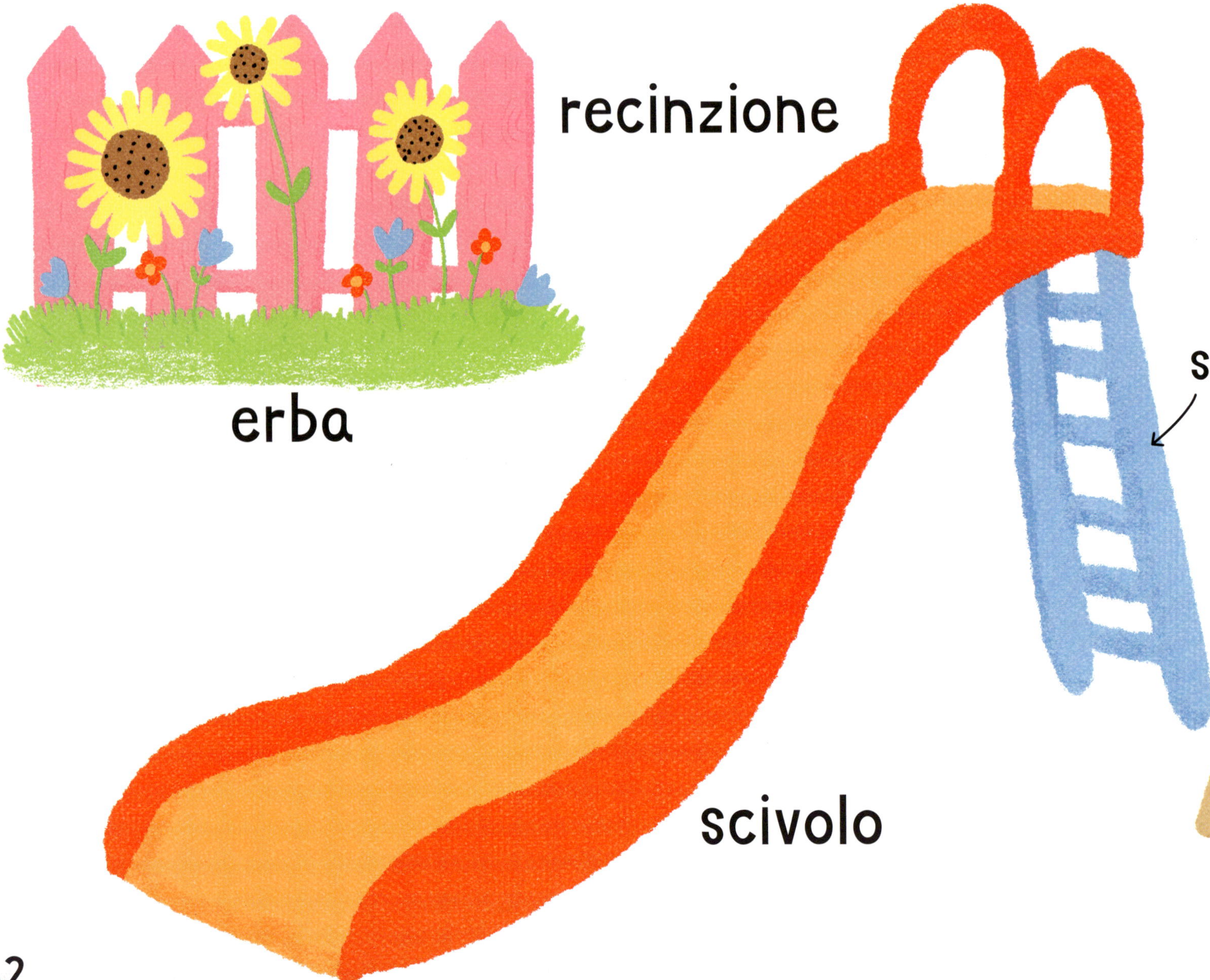

bucato

molletta
mutande
calzino
t-shirt
jeans
Quali giochi ti piace fare all'aperto?
tappeto elastico
lettino prendisole

Anche il giardino deve essere tenuto pulito e ordinato.

pianta sospesa

annaffiatoio

vanga

tosaerba

Attrezzi da giardino

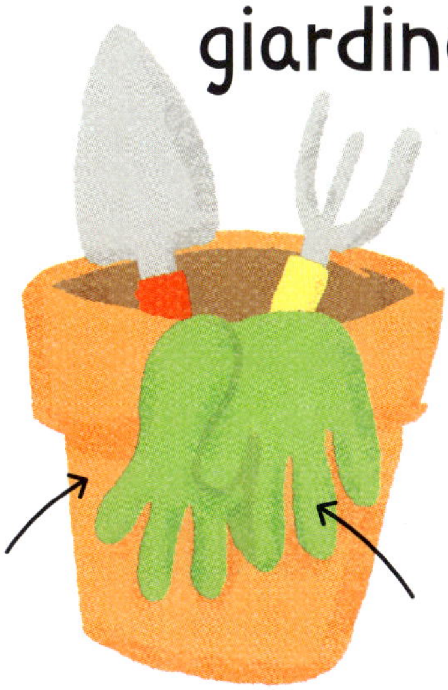

vaso di fiori

guanti da giardinaggio

Garage

Nel garage vengono parcheggiate l'auto, la motocicletta e anche la bicicletta!

automobile

motocicletta

bicicletta

Gli utensili sono usati per riparare e creare gli oggetti.

chiodi

banco di lavoro

scala

cassetta degli attrezzi

L'esterno della mia casa

La tua casetta è bella anche vista da fuori!

tetto
comignolo
albero
persiana
serra
porta d'ingresso
3
muro
panchina
prato
gradino

Com'è la tua casa?

Viviamo in diversi tipi di case. Tra quelle in questa pagina c'è anche la tua?

casa di legno

casa di campagna

bungalow

casa di città

Vivo in una casa di città!

Appartamenti in condominio

La tua casa assomiglia forse a una di queste?

igloo

casa galleggiante

faro

camper

castello

casa sull'albero

roulotte

casa prefabbricata

Numeri

1 uno 

2 due 

3 tre 

4 quattro 

5 cinque 

6 sei 

7 sette 

8 otto 

9 nove 

10 dieci 

11 undici

12 dodici

13 tredici

14 quattordici

15 quindici

16 sedici

17 diciassette

18 diciotto

19 diciannove

20 venti

I colori

giallo
orologio

grigio
lavatrice

viola
teiera

verde
lampada

marrone
casa

rosa
ciotola

arancione libro

nero
vasca da bagno

bianco
frigorifero

blu
aspirapolvere

rosso
bollitore